Égypte

Voyages autour du monde

Elaine Jackson

Catalogage avant publication de Bibliothèque et Archives Canada

Jackson, Elaine, 1954-
        Égypte / Elaine Jackson ; texte français de Marie-Line Hillaret.

(Voyages autour du monde)
Traduction de: Egypt.
Comprend un index.
Public cible: Pour les 8 à 12 ans.
ISBN 978-1-4431-0122-6

1. Égypte--Descriptions et voyages--Ouvrages pour la jeunesse.
2. Égypte--Ouvrages illustrés--Ouvrages pour la jeunesse.
I. Titre.

DT56.2 J3314 2010   j916.204'550222
C2009-904400-5

Pour toute information concernant les droits, s'adresser à QED Publishing, 226 City Road, Londres, EC1V 2TT, R.-U.

Édition publiée par les Éditions Scholastic,
604, rue King Ouest, Toronto (Ontario) M5V 1E1

5 4 3 2 1   Imprimé en Chine   10 11 12 13 14

Crédits photographiques :
Légende : h = haut, b = bas, m = milieu, c = centre, g = gauche, d = droite

Corbis Maher Attar 25h,/ Yann Arthur-Bertrand 16-17,/ Bojan Breceli 23m,/ Lloyd Cluff 27m,/ Dean Conger 18,/ Carl et Ann Durcell 16-17m,/ Neema Frederic 24,/ Michelle Garrett 9h,/ Richard Holmes 9b,/ Ed Kashi 8-9,/ Steve Lindridge 26h,/ Michael Nicholson 25m,/ Richard T. Nowitz 7h,/ Nevada Weir 14-15m,/ Jim Winkley 19h,/ Roger Wood 18-19, 25b;
Getty John Chard 6-7,/ Aef-Yves Debay 12-13,/ Will et Deni Mcintire 13h, 20-21,/ Jon Gray 10-11,/ Slede Preis 11b,/ James Strachan 26–27;
Image Bank Michael Melford 21m;
Panos Mark Henley 22-23.

Les mots en **gras** sont expliqués dans le glossaire page 28.

Ce livre s'adresse à des enfants de 7 à 11 ans. Il a été décidé de représenter les frontières internationales et régionales des zones en conflit en simplifiant la situation réelle.

Sommaire

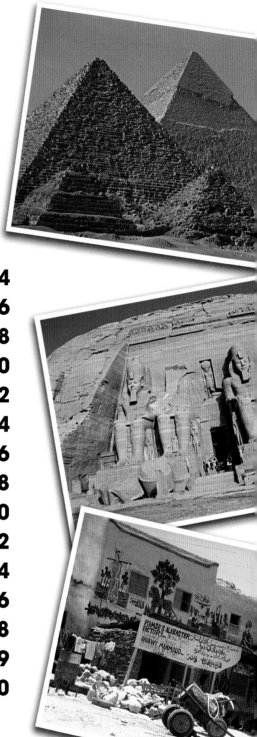

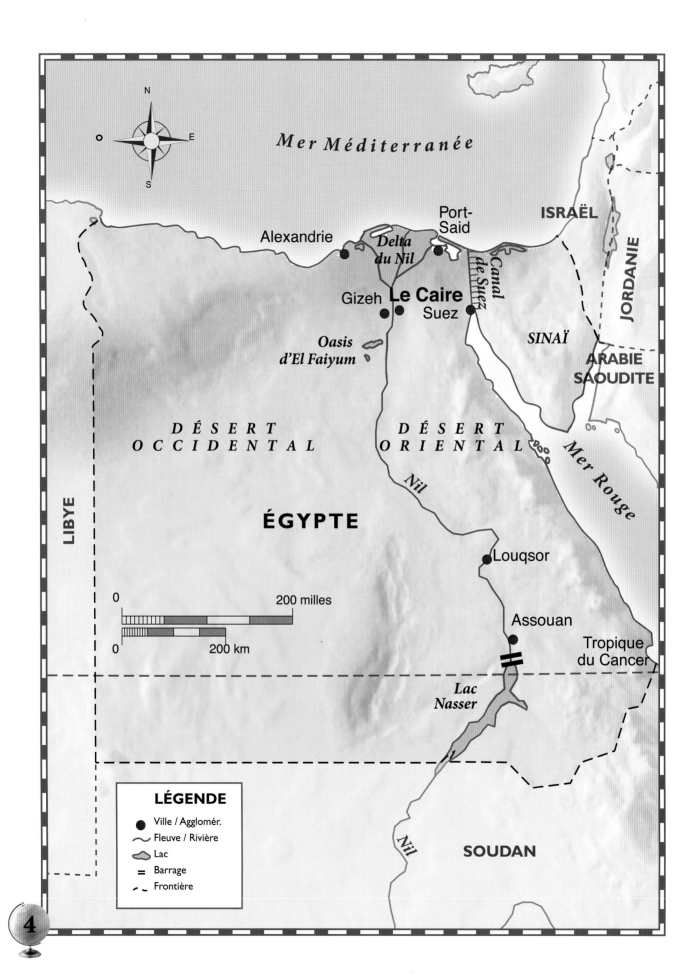

Mer Méditerranée

Port-Said

ISRAËL

Alexandrie

Delta du Nil

JORDANIE

Gizeh **Le Caire**

Canal de Suez

Suez

SINAÏ

Oasis d'El Faiyum

ARABIE SAOUDITE

D É S E R T O C C I D E N T A L

D É S E R T O R I E N T A L

Mer Rouge

LIBYE

Nil

ÉGYPTE

Louqsor

200 milles

Assouan

Tropique du Cancer

0

200 km

Lac Nasser

Nil

SOUDAN

LÉGENDE

● Ville / Agglomér.

⌒ Fleuve / Rivière

☁ Lac

= Barrage

⌐ Frontière

4

Où se trouve l'Égypte?

Une grande partie de l'Égypte se trouve sur le **continent** africain. Cependant, la région orientale du pays, la **péninsule** du Sinaï, est située en Asie.

À l'est de l'Égypte se trouvent l'État d'Israël et la mer Rouge, au sud, le Soudan, à l'ouest, la Libye, et au nord, la mer Méditerranée.

L'Égypte est un pays presque deux fois plus grand que la France, mais formé à 95 % de déserts où l'homme ne peut pas vivre. Ainsi, la majorité de la population se serre sur 3 % du territoire.

▼ L'Égypte dans le monde

Égypte

Le drapeau de l'Égypte

Le sais-tu?

Nom officiel
République arabe d'Égypte
Situation
Nord-est de l'Afrique
Pays environnants
Soudan, Libye, Israël
Mers environnantes
Mer Méditerranée, mer Rouge
Longueur de côtes 2 450 km
Capitale Le Caire
Superficie 1 001 500 km^2
Population 70 300 000
Espérance de vie Hommes : 63 ans, femmes : 66 ans
Religions Musulmans (94 %), chrétiens (6 %)
Langue officielle Arabe (la majorité des personnes instruites comprend bien l'anglais ou le français)
Climat Désertique. Des étés chauds et secs et des hivers modérés
Plus hauts sommets
Djebel Katherina (2 629 m), mont Sinaï (2 285 m)
Fleuve principal
Nil (longueur : 1 450 km en Égypte, longueur totale : 6 670 km)
Monnaie Livre égyptienne

À quoi ressemble l'Égypte?

Un pays en plein désert

En sillonnant l'Égypte, tu remarqueras un mélange d'ancien et de moderne : des villages aux maisons en briques de terre et des ruines antiques entourées de grands immeubles de verre et d'acier. Certaines personnes portent des jeans, d'autres des robes traditionnelles.

Le Nil

Le Nil traverse le pays du nord au sud

sur toute sa longueur. De chaque côté, le fleuve est bordé d'un ruban de terres fertiles cultivées entouré de vastes déserts.

Le désert Occidental

À l'ouest du Nil se trouve une zone très aride, le désert Occidental, qui couvre les deux tiers du pays. C'est une région de basse altitude, une étendue de sable formée de **dunes**, de plaines cailouteuses et de **plateaux** rocheux.

Le désert Oriental

Ce désert est également appelé désert Arabique. Il s'étend à l'est du Nil. La majeure partie de ce désert est

◀ Ce canyon dans le désert du Sinaï présente de spectaculaires sculptures rocheuses.

▼ Au Caire, sur le Nil, se trouvent deux îles reliées à la terre par des ponts. L'une (ci-dessous) s'appelle Roda (Rawdah), et l'autre, Zamalik (Gezira)

inhabitée, excepté quelques villages au bord de la mer Rouge. Des gens se sont installés là, autour des puits et des **sources**, pour être ravitaillés en eau.

Zones vertes au beau milieu du désert
Dans le désert se trouvent des endroits où poussent des plantes et des arbres autour d'un point d'eau. Ce sont des **oasis** où il est possible d'établir des cultures.

▶Cette jeune fille vend des coquillages au bord du lac Karoun, dans l'oasis d'El Fayoum.

▼La majeure partie de l'Égypte est un désert.

Le papa d'Olivier travaille en Égypte pour une entreprise égyptienne de produits chimiques. Olivier reçoit souvent des cartes postales des endroits visités par son père.

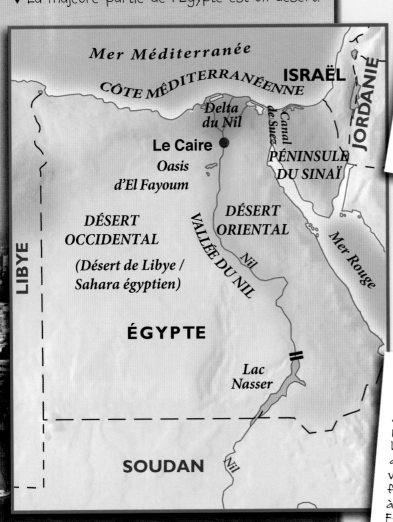

Mer Méditerranée
CÔTE MÉDITERRANÉENNE
ISRAËL
JORDANIE
Delta du Nil
Canal de Suez
Le Caire
PÉNINSULE DU SINAÏ
Oasis d'El Fayoum
LIBYE
DÉSERT OCCIDENTAL
(Désert de Libye / Sahara égyptien)
DÉSERT ORIENTAL
VALLÉE DU NIL
Nil
Mer Rouge
ÉGYPTE
Lac Nasser
SOUDAN
Nil

Cher Olivier,
Cette carte postale montre le mont Sinaï où Moïse a reçu les Dix Commandements de Dieu. Il se trouve dans la péninsule du Sinaï. Demain, je vais au djebel Katherina, le plus haut sommet d'Égypte.
Bises.
Papa

Olivier Rafin
15, rue des Lilas
Laurier (Québec)
J1A 2V3
CANADA

Cher Olivier,
Voici la dépression d'El Fayoum dans le désert Occidental. C'est la plus grande oasis d'Égypte. Ce grand lac d'eau douce se trouve à 53 m en dessous du niveau de la mer !
Bises.
Papa

Olivier Rafin
15, rue des Lilas
Laurier (Québec)
J1A 2V3
CANADA

Cher Olivier
Aujourd'hui je suis allé sur la côte méditerranéenne. J'ai vu de magnifiques plages de sable blanc. L'été, beaucoup d'habitants du Caire viennent ici avec leur famille pour échapper à la chaleur de la ville. Et moi, je fais comme eux !
Bises. Papa

Olivier Rafin
15, rue des Lilas
Laurier (Québec)
J1A 2V3
CANADA

Boire et manger en Égypte

Manger en Égypte

La situation de l'Égypte, à la jonction de l'Afrique et de l'Asie, explique l'alimentation des Égyptiens.

En Égypte, les repas se composent de nombreux ingrédients frais cultivés dans le pays – haricots secs, pois chiches et fèves, par exemple, consommés en ragoûts ou écrasés en purée comme le tahini (pâte de sésame) et l'**hoummos** (purée de pois chiches) avec beaucoup d'ail. **Gombos**, chou, aubergines et pommes de terre sont cuisinés quotidiennement, souvent mijotés avec de l'ail et des tomates. Tu mangeras certainement beaucoup de tomates – les Égyptiens en raffolent! Le riz trône sur toutes les tables, même celle du déjeuner.

▼ *Marché aux légumes hebdomadaire à Qutur, un village du delta du Nil*

La viande et le poisson

L'agneau et le poulet sont les viandes les plus courantes. Ils se dégustent grillés ou rôtis. Les chiche-kébab, des brochettes de viande et de légumes cuites sur le gril, sont très appréciés et sont servis avec une salade de tomates et des pitas (pains grecs).
Les Égyptiens aiment beaucoup le poisson, comme la perche et le thon, pêché dans la mer Rouge.

▲ Un repas égyptien typique : des chiche-kébab accompagnés de pommes de terre

Cher Olivier
J'ai mangé un excellent repas hier soir. C'était une moussaka égyptienne garnie de fromage blanc. Elle était accompagnée d'une délicieuse salade de tomates assaisonnée de piments verts, d'oignons, de coriandre fraîche et de menthe hachés. J'ai aussi goûté aux pitas chauds. J'essaierai de te cuisiner quelque chose du même genre en rentrant à la maison. Je mange beaucoup de fruits frais : figues, grenades, dattes et oranges. J'ai bu un jus d'oranges pressées sucré avec un morceau de canne à sucre. Exactement ce qu'il fallait avec cette chaleur.
Bises. Papa

Olivier Raffin
15, rue des Lilas
Laurier (Québec)
J1A 2V3
CANADA

▼ Les vendeurs d'épices aiment **marchander**.

9

Le climat au fil des saisons

Chaud et sec

Quelle que soit l'époque de l'année où tu visiteras l'Égypte, tu trouveras probablement que le climat est chaud et sec. Il en est ainsi pendant presque toute l'année. En hiver, de décembre à février, les températures varient de 13 °C au nord à 16 °C au sud. En été, elles sont beaucoup plus élevées.

▼ À Assouan, le sol est craquelé sous l'effet de la chaleur une grande partie de l'année.

Au printemps

En mars et en avril, le khamsin, un vent chaud, sec et poussiéreux, souffle du désert Occidental, parfois à une vitesse de 150 km/h. Le ciel devient orange foncé et se voile de poussière. Même si les portes et les fenêtres sont bien fermées, le sable pénètre à l'intérieur des maisons.

En été

En Égypte, l'été est extrêmement chaud. La température dépasse souvent 31 °C. La température la plus élevée — plus de 50 °C — a été enregistrée à Assouan, dans le sud du pays. Assouan, qui reçoit très peu de pluie, est d'une sécheresse presque absolue. La chaleur extrême qui règne dans cette région fait évaporer beaucoup d'eau du Nil et également du lac Nasser (lac artificiel sur le Nil).

Le papa d'Olivier, qui a visité Assouan en juillet, a dit qu'il y faisait très chaud. Olivier a regardé sur Internet pour comparer les climats d'Assouan et du Caire.

RELEVÉS DE TEMPÉRATURES À ASSOUAN (°C)											
Jan	Fév	Mars	Avril	Mai	Juin	Juillet	Août	Sept	Oct	Nov	Déc
15	17	20	25	30	33	34	33	31	29	23	16
RELEVÉS DE TEMPÉRATURES AU CAIRE (°C)											
Jan	Fév	Mars	Avril	Mai	Juin	Juillet	Août	Sept	Oct	Nov	Déc
12	14	16	20	24	27	28	28	25	23	19	14

Une nuit, le père d'Olivier n'a pas pu dormir. Il en a profité pour relever la température toutes les heures. Voilà ses relevés du 19 juillet à Assouan.

Minuit	01.00	02.00	03.00	04.00	05.00	06.00	07.00	08.00	09.00	10.00	11.00
32 °C	31	29	29	28	28	27	27	29	32	34	38
Midi	13.00	14.00	15.00	16.00	17.00	18.00	19.00	20.00	21.00	22.00	23.00
39 °C	40	41	41	41	41	40	40	38	36	34	33

Compare ces températures avec celles de juillet au Canada.

▼ De jolis bateaux traditionnels en bois, appelés felouques, voguent sur le Nil, près d'Assouan.

❖ De quels vêtements le père d'Olivier aura-t-il besoin à Assouan?

❖ Comment se protégera-t-il du soleil et de la chaleur?

❖ À ton avis, pourquoi les Égyptiens sont-ils nombreux à porter de longues robes blanches?

Visiter l'Égypte

En avion

Les compagnies aériennes égyptiennes desservent de nombreuses destinations en Égypte et dans le monde entier.

Par la route

L'Égypte est un des plus grands pays d'Afrique. Pour le visiter, tu auras le choix entre plusieurs types de véhicules – voitures, autocars, camions et taxis. Tu pourras également essayer des modes de transport plus traditionnels comme le chameau, l'âne ou le cheval.

En train

Le réseau ferré égyptien relie entre elles presque toutes les villes du pays, d'Assouan à Alexandrie. Le Caire possède l'unique métro du continent africain.

En bateau

Pendant des siècles, pour voyager en Égypte, on prenait un des bateaux qui naviguaient sur le Nil. Aujourd'hui, on peut faire une croisière sur l'un des nombreux bateaux qui relient Assouan et Louqsor. Les traditionnels bateaux à voile, ou felouques, voguent toujours sur le fleuve.

Le canal de Suez

Le canal de Suez, qui relie la mer Rouge à la mer Méditerranée, est l'une des voies de navigation les plus fréquentées du monde. Le **canal** a été construit entre 1859 et 1869. Avant, les bateaux qui assuraient le transport des marchandises entre l'Europe et l'Inde ou l'Extrême-Orient devaient contourner tout le continent africain. Le canal mesure 162 km de long et 60 m de large en son point le plus étroit.

▲ Au centre du Caire, la circulation est toujours intense.

▼ Les bateaux qui naviguent sur le canal de Suez passent par l'Égypte pour acheminer des marchandises dans de nombreux pays du monde.

Cher Olivier
J'avais très envie de me promener sur le Nil mais pas sur un bateau pour touristes. Alors, j'ai voyagé en felouque. Les felouques sont des bateaux traditionnels qui avancent à la voile. La brise qui souffle pendant la journée gonfle ses grandes voiles en coton.
Bises. Papa

Olivier Rafin
15, rue des Lilas
Laurier (Québec)
J1A 2V3
CANADA

13

Le Nil

Mohammed, un garçon de dix ans, va à l'école au Caire. Avec deux amis, il prépare un exposé sur le Nil.

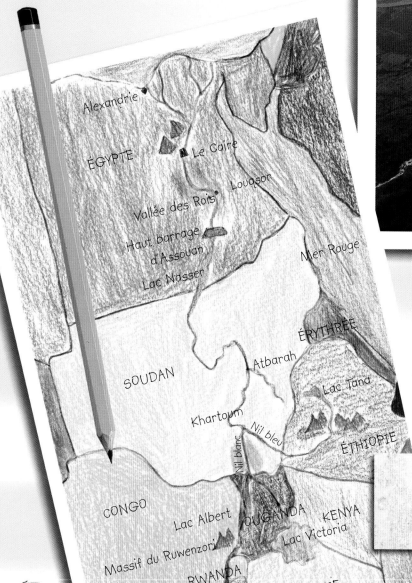

▲ Le Nil vu d'avion

◀ Sur son dessin du Nil, Mohammed a représenté les pays traversés par le fleuve.

Compare la longueur du Nil à celle du fleuve Saint-Laurent.

14

Texte de Mohammed, 10 ans

De sa source jusqu'à la moitié de son cours, le Nil s'appelle Nil blanc à cause de la couleur blanchâtre de son eau en été. Le reste de l'année, elle est boueuse et de couleur gris brunâtre.
À Khartoum, il rejoint le Nil bleu qui prend sa source dans les montagnes d'Éthiopie. Il s'appelle Nil bleu parce que son eau est claire et bleue pendant les mois où elle est basse, de mars à juin.

Texte de Layla, 10 ans

Le Nil est le fleuve le plus long du monde. C'est un fleuve véritablement international, car il traverse dix pays. Il mesure 6 670 km, la distance qui sépare New York de Paris.
Le Nil prend sa source dans le massif du Ruwenzori, à la frontière entre l'Ouganda et la République démocratique du Congo, puis il se jette dans le lac Victoria et le lac Albert avant de poursuivre sa route vers le nord. L'embouchure du Nil se situe au nord de l'Égypte, sur la côte méditerranéenne.

Texte d'Ezzat, 9 ans

Avant que le Nil blanc et le Nil bleu ne se rejoignent, ils coulent côte à côte sur plusieurs centaines de kilomètres sans se mélanger. On peut vraiment voir la couleur gris brun du Nil blanc et celle bleu-vert du Nil bleu. De Khartoum jusqu'à la Méditerranée, une seule rivière, l'Atbarah, se jette dans le Nil. Ainsi, à l'inverse de la majorité des fleuves, le Nil ne s'élargit pas en s'approchant de la mer. Aux alentours du Caire, il se ramifie pour former son **delta**.

15

Le lac Nasser et le barrage d'Assouan

Le lac Nasser

À l'endroit où le Nil atteint la frontière entre le Soudan et l'Égypte, le fleuve se jette dans le lac Nasser, le lac artificiel le plus grand du monde.

Le barrage d'Assouan

Le lac Nasser a été créé en 1971, au moment de la construction du **barrage** d'Assouan destiné à arrêter l'écoulement du Nil. Le barrage a été décrit comme la pyramide moderne de l'Égypte. Il est 17 fois plus grand que la plus grande des pyramides.

▼Le lac Nasser mesure plus de 500 km de long; 150 km appartiennent au Soudan, et le reste, à l'Égypte.

▶ Le barrage d'Assouan mesure 3,6 km de long et 111 m de haut. Il est large de 980 m à la base et de 40 m au sommet.

Toujours pour son exposé sur le Nil, Mohammed a recensé les avantages et les inconvénients du barrage d'Assouan pour l'Égypte.

AVANTAGES ET INCONVÉNIENTS DU BARRAGE D'ASSOUAN

AVANTAGES

1) Contrôle le débit du Nil et prévient les inondations.

2) Prévient la **sécheresse**.

3) Assure une fourniture d'eau régulière pour l'**irrigation** des cultures.

4) L'irrigation a augmenté de 30 % la surface des terres cultivables.

5) C'est une source d'énergie. Le barrage produit assez d'électricité pour alimenter tout le pays. À l'inverse du pétrole, cette **énergie hydroélectrique** ne pollue pas.

INCONVÉNIENTS

1) Des milliers de gens ont dû quitter leur maison pour laisser la place au barrage et au lac.

2) Il a fallu déplacer les anciens temples, pierre par pierre, et les reconstruire dans un endroit plus élevé.

3) Il y a moins de poissons dans le Nil parce que l'eau contient moins de **nutriments** depuis que le barrage retient tout le **limon**.

4) Les agriculteurs ont dû acheter beaucoup d'engrais pour remplacer le limon, cet engrais naturel.

5) Le grand nombre de canaux d'irrigation a augmenté le nombre de maladies comme le paludisme (maladie infectieuse qui provoque de la fièvre et d'autres troubles) transmis par les moustiques qui prolifèrent dans l'eau croupie.

6) Perte d'une grande quantité d'eau par l'évaporation en surface du lac Nasser.

L'agriculture

Produire sa nourriture

L'Égypte dépend entièrement du Nil car il pleut très peu pendant l'année. L'eau du fleuve sert à cuisiner, laver, boire et arroser les cultures.

La vallée du Nil

Tout le long de la vallée du Nil, une étroite bande de terre est cultivée de chaque côté du fleuve. Chaque bout de terrain disponible est irrigué.

Autrefois, les paysans comptaient sur les crues du fleuve et sur la boue pour fertiliser leurs cultures. Aujourd'hui, ils doivent irriguer plus et utiliser des engrais parce que le barrage d'Assouan empêche le Nil de déborder.

◄ On fait sauter les haricots secs dans un tamis pour éliminer les impuretés et la poussière.

▼ Pour cultiver plus et augmenter les récoltes, on irrigue de part et d'autre du Nil.

◄ Certains agriculteurs emploient toujours des méthodes traditionnelles comme cette noria, ou sakieh, pour arroser leurs champs.

Dans son exposé, Ezzat parle de sa famille. Ce sont des agriculteurs qui vivent à la campagne.

Ezzat, 9 ans

Mon oncle et mon grand-père sont des fellahs (paysans) et habitent dans un village à 35 Km environ du Caire. Leurs champs se trouvent à quelques kilomètres du Nil. Ils cultivent du blé, du maïs et des légumes pour nourrir toute la famille. Ils cultivent aussi du berseem pour nourrir les animaux de la ferme. Ils élèvent des buffles d'eau, des chèvres et des ânes. Ils cultivent également du riz, des dattes, de la canne à sucre et des fruits comme des oranges et des bananes, pour les vendre.

Un canal d'irrigation passe près des champs de mon grand-père et de mon oncle. Ils prélèvent l'eau du canal avec une pompe. Certains paysans utilisent d'autres méthodes comme le shadoof, une longue perche avec un seau à l'une des extrémités et un poids à l'autre. La perche est fixée sur un poteau et tourne autour de celui-ci en se balançant de façon à répandre l'eau sur les champs. D'autres paysans utilisent des animaux qui tournent en manège pour actionner une noria, ou sakieh; l'eau s'élève dans des godets avant de se déverser dans les champs.

Le tourisme

Merveilles historiques

Le tourisme est un secteur important de l'économie égyptienne. De nombreux touristes visitent la vallée du Nil et ses environs qui abritent les trésors historiques de l'Égypte.

Les Égyptiens de l'Antiquité pensaient que la vie sur terre était courte mais que la vie après la mort était éternelle. Ils ont construit d'énormes pyramides pour servir de chambres mortuaires. Des milliers de touristes, désireux de percer le mystère qui entoure la construction de tels édifices, viennent les visiter.

Les villes anciennes

Si tu vas en Égypte, tu auras probablement envie d'aller à Gizeh, une banlieue du Caire. Tu y verras les grandes pyramides ainsi que le Sphinx. Louqsor, construit sur le site de l'ancienne ville de Thèbes, est également un endroit intéressant à visiter.

Depuis des milliers d'années, les gens viennent voir les temples et les monuments impressionnants de Louqsor. Surtout, n'oublie pas de visiter la Vallée des Rois, avec les tombeaux spectaculaires de Toutankhamon et de Néfertari.

▼ La statue du Sphinx à Gizeh mesure 22 m de haut et 50 m de long; elle a été construite il y a près de 5 000 ans.

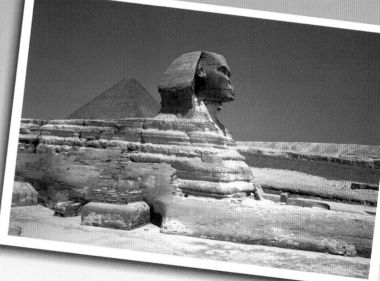

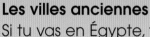

◀ Les grandes pyramides se trouvent à Gizeh, sur la rive ouest du Nil.

Olivier est allé passer les vacances de Noël en Égypte avec son père et il a décrit les endroits visités.

15 décembre
Aujourd'hui nous sommes allés à Gizeh. Je n'en croyais pas mes yeux! Le Sphinx était tellement grand. La statue géante mi-homme, mi-lion dominait le désert, surveillant les trois grandes pyramides du coin de l'œil. Je n'avais jamais rien vu de semblable. Je me trouvais vraiment face à l'une des sept merveilles du monde.

19 décembre
Aujourd'hui, papa m'a emmené dans la Vallée des Rois. Nous avons visité le tombeau de Toutankhamon. Nous avons vu les trésors et les bijoux qui ont été enterrés près de son corps momifié.

▲ Le temple d'Abou Simbel. Dans les années 1960, il a dû être déplacé pierre par pierre dans un lieu plus élevé pour ne pas être englouti par les eaux après la construction du barrage d'Assouan.

▲ Le masque funéraire en or de Toutankhamon, pharaon d'Égypte. Son tombeau, rempli de trésors, a été découvert en 1922.

21

L'industrie

L'**industrie textile** est l'industrie la plus importante du pays. L'Égypte produit aussi du ciment, du fer et de l'acier, des produits chimiques, des engrais et des dérivés du caoutchouc. L'industrie minière s'est développée ces vingt dernières années. On exploite le sous-sol pour en extraire des matières premières comme le pétrole et le sel.

L'énergie n'est pas un problème en Égypte. Le pays est **autosuffisant** en pétrole, et le barrage d'Assouan fournit l'énergie électrique nécessaire aux besoins du pays.

L'agriculture

Bien que 4 % seulement des terres soient cultivables, l'agriculture occupe une place importante. L'Égypte **importe** la moitié de sa nourriture, car une grande partie des terres sert à la culture du coton.

Certains produits cultivés en Égypte sont vendus dans le monde entier, dont le maïs, la canne à sucre, le blé, l'orge, le millet, les oignons, les pommes de terre, le tabac, les mangues, les agrumes, les figues, les dattes et les raisins.

Le tourisme

L'industrie touristique est florissante. L'Égypte est une destination très appréciée des voyageurs passionnés par les pyramides et les mystères de la civilisation de l'Égypte ancienne.

▶ Un marchand de coton devant sa boutique remplie de balles de coton. L'Égypte est le plus grand **exportateur** de coton du monde.

▼ Les touristes sont friands de croisières en felouque sur le Nil.

▶ L'Égypte est un gros fabricant d'engrais. La majeure partie de la production est consommée sur place et de grandes quantités sont exportées vers les pays environnants.

Le Caire

Un mélange d'ancien et de moderne

Quand tu iras au Caire, tu seras surpris par les contrastes qui existent entre les bâtiments, les moyens de transport et même les vêtements. Tu auras parfois l'impression d'être dans une ville moderne et grouillante d'activités, ou bien d'être revenu des années en arrière.

Les quartiers traditionnels

Certains quartiers de la ville sont restés très traditionnels, avec des rues étroites et sinueuses, des marchés surpeuplés, des **bazars** couverts et des échoppes artisanales. Ces petites rues regorgent de cafés très fréquentés par les Égyptiens.

Je m'appelle Ahmed et je vis au Caire, la capitale de l'Égypte. Ma ville est la plus grande du pays et de toute l'Afrique. Près de 25 % des Égyptiens y habitent.

▼ Au Caire, l'horizon est hérissé de gratte-ciel et de minarets (tours des mosquées).

▲ Cinq millions de personnes vivent dans les *bidonvilles* du Caire.

▼ Ali et Adio viennent aider le propriétaire d'un magasin de cuivres.

Les problèmes du Caire

Certains quartiers de la ville sont très pauvres. Les gens vivent dans des camps et des bidonvilles sans eau courante ni **égouts**. Beaucoup gagnent leur vie en ramassant les ordures dans la rue et en les triant pour vendre ce qui peut être recyclé.

La ville du Caire a les mêmes problèmes que toutes les zones **urbaines** du monde, tels que surpopulation, embouteillages, pollution de l'air, chômage et pénurie de logements salubres.

Je m'appelle Ali. Je vais à l'école, mais *seulement* la demi-journée. Il y a trop d'élèves pour les accueillir à plein temps. J'adore jouer au soccer et faire des promenades à vélo. Mon père conduit un autocar de touristes et ma mère travaille à la maison.

25

Les villes égyptiennes

En te promenant dans les villes égyptiennes, tu seras surpris par cet incroyable mélange d'ancien et de moderne dans l'architecture et le mode de vie. On compare parfois les villes égyptiennes comme Louqsor à des musées à ciel ouvert à cause du grand nombre de monuments qu'elles abritent.

Mais, à proximité de ces monuments et sites historiques, se trouvent aussi des immeubles récents et des industries ultramodernes. Aujourd'hui, les villes égyptiennes offrent toutes les facettes de la vie contemporaine.

▼ Le canal de Suez traverse trois lacs.

▼ La ville d'Alexandrie possédait autrefois un phare qui était l'une des sept merveilles du monde.

◀ La centrale hydroélectrique d'Assouan fournit l'électricité nécessaire à tout le pays.

Je m'appelle Manal et je vis à Port-Saïd. C'est un **port** sur la Méditerranée, à l'entrée du canal de Suez. C'est le deuxième port d'Égypte et aussi un point de ravitaillement en carburant pour les bateaux qui empruntent le canal. J'adore regarder passer les gros bateaux.

Les produits égyptiens exportés, comme le coton et le riz, sont embarqués à Port-Saïd.

Pour l'école, trois enfants égyptiens ont écrit un texte sur leur ville. Ils disent ce qui la rend spéciale et comment ils se distraient.

Je m'appelle Elham et j'habite Alexandrie, au nord de l'Égypte. Ma ville est sur la Méditerranée et le climat y est plus frais qu'au centre de l'Égypte. J'ai de la chance parce que je peux aller à la plage me baigner. Mon oncle, ma tante et mon cousin Ahmed, qui vivent au Caire, ont une maison de vacances ici à Alexandrie, juste sur le front de mer. Nous jouons beaucoup sur la plage.

À Alexandrie, il y a beaucoup d'hôtels et d'appartements pour touristes. Alexandrie est aussi le plus grand port d'Égypte et une ville industrielle moderne.

Je m'appelle Rachid. Je vis à Suez à l'extrémité sud du canal de Suez. Suez est une station de ravitaillement en carburant pour les bateaux et un centre de stockage du pétrole. Le pétrole est acheminé par oléoducs au Caire et à Alexandrie. Les produits dérivés du pétrole, le papier et les engrais sont fabriqués à Suez. Mes copains et moi, nous aimons beaucoup regarder les bateaux faire le plein de carburant.

27

Glossaire

autosuffisant
capable de subvenir à ses propres besoins

barrage
ouvrage construit par l'homme qui a pour objet de retenir l'eau d'une rivière ou d'un fleuve et de créer un lac derrière

bazar
marché, souvent couvert

canal
cours d'eau artificiel servant à la **navigation** ou à l'irrigation

continent
une des sept étendues de terre limitée par un ou plusieurs océans : l'Afrique, l'Asie, l'Océanie, l'Antarctique, l'Amérique du Nord, l'Amérique du Sud, l'Europe

delta
zone de terrain plat à l'embouchure d'un fleuve quadrillée de nombreux bras

dune
colline ou butte de sable formée par le vent en bord de mer ou à l'intérieur des déserts

énergie hydroélectrique
électricité produite par l'énergie de l'eau

égout
système d'évacuation des eaux usées rejetées par les habitations ou les industries

exportations
marchandises et produits vendus à un autre pays

gombo
légume vert

hoummos
purée de pois chiches assaisonnée de tahini (pâte de sésame)

importations
marchandises introduites dans un pays en provenance de pays étrangers

industrie
ensemble des activités économiques ayant pour objet la fabrication de produits dans des usines ou des ateliers

irrigation
arrosage artificiel des terres en déviant l'eau d'une rivière par un système de canaux et de rigoles

limon
fines particules de terre et de roche entraînées par les eaux d'un fleuve

marchander
discuter longuement avec un commerçant pour obtenir un meilleur prix

nutriments
substances minérales et vitamines nutritives

oasis
endroit fertile dans le désert dû à la présence d'un point d'eau

péninsule
terre entourée aux trois quarts d'eau

plateau
vaste étendue de terre plate dominant les environs

port
lieu où les bateaux s'arrêtent pour charger et décharger leurs marchandises et leurs passagers

sécheresse
période pendant laquelle il ne pleut pas du tout

source
lieu où démarre un cours d'eau

textile
tissu ou étoffe, généralement tissée

urbain
qui vit ou qui est situé en ville

Index

Idées d'activités pour les enfants

Les activités suivantes développent l'approche « enquête » géographique et contribuent à promouvoir la réflexion et la créativité. Les activités de la section A sont conçues pour aider les enfants à développer une réflexion d'ordre supérieur, basée sur la taxinomie de Bloom. Les activités de la section B sont conçues pour promouvoir différents types d'apprentissage basés sur la théorie des intelligences multiples de Howard Gardner.

A : ACTIVITÉS VISANT À DÉVELOPPER LA RÉFLEXION
ACTIVITÉS VISANT À PROMOUVOIR LA RECHERCHE ET LE SOUVENIR DES FAITS
Demander aux enfants de :
• fabriquer un livre présentant des lieux d'Égypte, en décrivant les caractéristiques naturelles et celles apportées par l'homme, leur climat, leurs industries…
• rechercher et étudier un environnement désertique, présenter l'information sous la forme d'une affiche ou d'un album photo.

ACTIVITÉS VISANT À PROMOUVOIR LA COMPRÉHENSION
• Demander aux enfants de faire des recherches sur l'agriculture et l'industrie en Égypte, puis préparer une émission documentaire destinée aux enfants.

ACTIVITÉS VISANT À PROMOUVOIR L'USAGE DES CONNAISSANCES ET LA CAPACITÉ À RÉSOUDRE LES PROBLÈMES
Demander aux enfants de :
• travailler en groupes pour réaliser une affiche publicitaire sur les différents types de vacances en Égypte.
• rédiger des notes expliquant pourquoi la vallée du Nil est si densément peuplée à la différence des autres régions d'Égypte; citer les affluents du Nil.

ACTIVITÉS VISANT À FAVORISER LA RÉFLEXION ANALYTIQUE
• Demander aux enfants de réfléchir sur les problèmes que poserait un doublement de la population dans les cinq années à venir.

ACTIVITÉS VISANT À PROMOUVOIR LA CRÉATIVITÉ

Demander aux enfants de :

• représenter les régions désertiques par la peinture ou le collage.

• bâtir un itinéraire de croisière sur le Nil pour un bateau, proposant des activités à bord et des excursions à terre pour visiter les endroits intéressants.

ACTIVITÉS VISANT À APPRENDRE AUX ENFANTS À UTILISER LES TÉMOIGNAGES POUR SE FORGER UNE OPINION ET À ÉVALUER LES CONSÉQUENCES DES DÉCISIONS

Demander aux enfants de :

• classer par ordre de préférence les endroits qu'ils souhaiteraient visiter en Égypte et dire pourquoi.

• écrire un rapport argumenté sur qui a et n'a pas bénéficié de la construction du barrage d'Assouan.

B : ACTIVITÉS BASÉES SUR DIFFÉRENTS TYPES D'APPRENTISSAGE

ACTIVITÉS POUR UN APPRENTISSAGE DE LA LANGUE

Demander aux enfants de :

• écrire un texte pour promouvoir une croisière sur le Nil.

• écrire un article de journal sur l'impact d'un trop grand nombre de touristes visitant les pyramides.

ACTIVITÉS POUR UN APPRENTISSAGE LOGIQUE ET MATHÉMATIQUE

Demander aux enfants de :

• trouver quelle était la population de l'Égypte ou du Caire ces dix dernières années, comparer les données obtenues et les représenter sous forme de graphiques.

• trouver des moyens de représenter graphiquement les données climatiques fournies dans le livre.

ACTIVITÉS POUR UN APPRENTISSAGE VISUEL

Demander aux enfants de :

• dessiner une affiche représentant une visite aux pyramides et une randonnée à dos de chameau.

• choisir un endroit en Égypte et créer une affiche attrayante, avec un slogan, qui pourrait servir à promouvoir cet endroit.

• dessiner leur endroit préféré en Égypte sur le recto d'un morceau de carton de la taille d'une carte postale.

ACTIVITÉS POUR UN APPRENTISSAGE KINESTHÉSIQUE

Demander aux enfants de :
• faire une maquette du Nil, de sa source à son embouchure.
• dessiner et construire la maquette d'une pyramide, d'un temple ou du Sphinx.

ACTIVITÉS POUR UN APPRENTISSAGE MUSICAL

Demander aux enfants de :
• inventer une danse égyptienne.
• créer une courte publicité et un refrain pour accompagner un message publicitaire sur un lieu ou une activité touristique en Égypte.

ACTIVITÉS POUR UN APPRENTISSAGE INTERPERSONNEL

Demander aux enfants de :
• écrire une lettre à un enfant vivant au Caire, en décrivant leur propre mode de vie (école, amis, passe-temps et région).
• organiser un voyage en Égypte pour leur famille.

ACTIVITÉS POUR UN APPRENTISSAGE INTRAPERSONNEL

Demander aux enfants de :
• décrire la vie à Assouan.
• décrire une randonnée à dos de chameau.

ACTIVITÉS POUR UN APPRENTISSAGE NATURALISTE

Demander aux enfants de :
• rédiger des notes sur les avantages et les inconvénients du développement de l'agriculture dans le désert grâce à l'irrigation et aux réserves d'eau en sous-sol.
• débattre de l'effet du barrage d'Assouan sur les plantes, les animaux et les poissons dans la vallée et le delta du Nil.

La collection de livres **Voyages autour du monde** propose une information actualisée et pluridisciplinaire (géographie, lecture, écriture, calcul, histoire, éducation religieuse, citoyenneté). Elle permet aux enfants d'avoir une vue d'ensemble de chaque pays et des éléments qui reflètent la grande diversité des modes de vie et de culture.

Elle vise à prévenir les préjugés et les stéréotypes qui ne manquent pas de surgir quand une étude se focalise trop rapidement sur une petite localité à l'intérieur d'un pays. Elle aide les enfants à forger cette vue d'ensemble et à comprendre l'interconnexion des différents lieux. Elle contribue également à enrichir leurs connaissances géographiques et à leur faire comprendre le monde qui les entoure.